肖像_PORTRAIT

摄影—吕海强　撰文—叶三

特别鸣谢
后期制作：李攀
(傅小兵、连岳)摄影：李见涛
(傅小兵、连岳)采访：李扬
时尚集团、《ESQUIRE时尚先生》

 上海三联书店

作者手记

《肖像》原本是我们为《时尚先生》2010年9月刊所做的一个专题，其立意，是以采样拍摄和口述实录的方式展现不同年龄层的中国男人。因为杂志篇幅小，访问文字刊登有限，于是现在我们将它尽量扩充，把每个人的肖像与口述放在一起，便成为了这本书。那些从18岁到100岁的中国男人才是这本书真正的作者，而我们，只是谦卑的聆听者、观看者和记录者。

这个专题从初具雏形到最终实现共花去了两个多月的时间。在这两个多月中，我们走过了包括北京、上海、南京、深圳、厦门、香港、丽江、广州在内的十余座城市，采访拍摄了从明星到普通人，从民工到教授，从老人到青年近一百名的中国男性。从18岁到100岁，我每人必问一个看起来很虚幻的问题："你觉得这个世界是越变越好，还是越变越坏？"我发现无论答案是什么，随着年龄增长，回答之前的思考时间也在增长——那些18岁的孩子几乎不假思索地给出答案，而且以"当然是"开头；30岁的男人会略微思忖一下，给一个逻辑上完备的解释；40岁，思考时间更长，提供的答案大多模棱两可；61岁，更多的是笑而不答；90岁以上这些爷爷往往根本听不清我在问什么。

这说明什么，我没有想明白。正如《肖像》这个专题的初衷一样，我们力求呈现，避免贴标签，避免概括。无论是80后、90后，还是"共和国同龄人"，我不认为任何人有资格给他们中的某代或者某一人下定论。每个人都是自己的肖像，我们仅有权观看——但在这难能可贵的观看过程中，能认识他们中的每一个人，已足够让我感激。

——叶 三

那段日子里，人们不断走到镜头前，陈述生活，屏息待观，有时开心简单，有时刻意虚伪，也有时遗忘或纯洁。好多曾经乏味的情感因为这次特殊的专题改变了许多，各种美来得意外可是原本就在，我全情激动留下时间的切片。看到终稿时总有微妙感动，不同生命的鲜活，陌生的我们竟有过那么亲近的交流。

——吕海强

目录

_1992

张业奇_生于1992年12月20日_北京_学生　　　"我喜欢打球、玩电脑、台球和篮球，跑步游泳不喜欢。我学理科，高三一年不是很辛苦，因为我不是太用功。高二我和朋友们一起去日本过了两星期当交换学生，晚上打牌、玩耍，那是我最开心的记忆。马上要上大学，以前没有独立生活过，可能我会不知所措，也怕父母担心。我最不希望的事情是父母离开身边，我也不相信世界末日，不过信不信到时候都一样。希望我将来和父亲一样，有自己的公司，我想成为他那样的男人。优秀的男人应该不用每天看别人的眼色过活，在家不吵架，而且对孩子好。对了，我从小学起就开始想交女朋友了　　　"

单鑫_生于1992年11月5日_北京_自营生意 "我的经历很曲折！就像现代版《甲方乙方》——小学时我不好好上学，曾被父亲扔到周口店体验生活。长大后当过蛊惑仔，进过公安局。后来有个早上，我坐在涿州的拘留所里，忽然意识到这不是我该过的生活，就回家洗了个澡上学去了。17岁时我跟家人商量，退学，拿了一点本金去做生意。我看不起给别人打工的人。现在我在北京中关村有两个店，专营桌面游戏。如果再有一次机会，我会回去坐在课堂里。我16岁就出来混，感觉这世界跟我想的不一样，不是凭自己的能力就能得到想要的东西。我庆幸自己在有生之年就看透了这个社会：有钱好办事。希望所有孩子都听爸妈的话，好好学习，孝敬父母。"

欧阳苏宇_生于1992年4月17日_安徽_灯光师　　"日子不好混，但我不想那么多。当初来北京的时候不知为什么，特别想离开家。现在每天好玩就行，外面的世界很精彩。"

罗辑_生于1992年1月26日_四川_学生 "我当过一次平面模特,拿到100块钱工资去给好朋友买生日礼物,那是我最开心的事。我喜欢综艺节目,喜欢小S和谢娜。从小学我就开始主持节目,对这个特别有兴趣,我在台上和摄影机前都很酷。我还喜欢张学友,我觉得听老歌的人才是有故事的人。我最大的优点是善于观察,有洞察力。我的梦想是在观众和群众的眼里得到认同。以后我自己有房有车了才会要孩子,要把自己先养活好。我还要让妈妈过上高端的生活。十年后我会和爱人孩子一起生活在海边,双方没了爱情就离婚。其实我很相信2012,但我的初衷还是世界会越变越好。"

曲元震_生于1992年8月25日_北京_学生　　　"我最近在读《希拉里自
传》和通用公司老板的自传。马上要出国独立生活了，非常向往，一点也
不害怕。因为父亲管得严，我在家非常乖。现在我最关心的是美国的生
活，去美国学习视野能改变，真挺好的。我学机械工程，因为想学点实
在的，毕业后工作一两年，迟早要回国。成家？先搞事业吧。2012要来就
来，谁也阻止不了。在那之前，我最想做的事是买个小岛，给家人和朋友
们玩。就怕我有钱的时候没有岛可以买了。"

王风雩_生于1992年4月11日_北京_学生　　"我想做一个导演，所以现在读心理学。我最喜欢的导演是蒂姆伯顿。初一那年我看到《指环王》，觉得天马行空，心想，我为什么不能自己拍一些呢？我也喜欢钢琴和大提琴，现在我弹吉它。我还喜欢数学，翻过高等数学书，看看理论是怎么发展的，我也喜欢物理，看千奇百怪的学说都统一在一起，很震撼。身边的每个人都跟自己不一样，我想这就是90后吧。我的初恋发生在初三，不知什么时候开始，也不知什么时候结束，很暧昧。我幻想过以后的生活，是随心所欲的，有能理解我的知己。世界会变好，也会变坏，如《双城记》所言。"

徐明磊_生于1992年1月15日_衡水_保安　　"我是家里的老大，家里还在种地，以前在家我也算半个大人，平常上学，周末要帮家里干活。现在我在北京打工近两年，慢慢习惯了，不再想家，今年就回家了一次。我一周工作7天，每天8个小时，这是我在北京的第二份工作，是朋友介绍给我的。现在我住的宿舍一间十几个人，最烦队长老管我们。北京这地方挺不错的，现在我年纪还不大，想学点技术，将来有个好点的饭碗。要找女朋友的话，还是要回家乡去找。我是个老实人，以前上学的时候，我最喜欢语文。"

张煜_生于1992年8月21日_盐城_学生 "去年我在美国做了一年交换学生，在加利福尼亚晒得很健康。那边的年轻人对胜利更加渴望，不会那么看重学习，我不是很习惯这个。时间过得好快，再过两个月我就18岁了，还记得上小学一年级尿裤子的事儿——一共两次。以前我想快点长大，现在不了。学生时代最享受，但24、25岁就会结束，就要养家糊口，就会复杂。上大学只是进入社会，那时候就要融入社会了。男孩的黄金年龄我觉得是17到20岁，男人是24到34岁。过了黄金年龄应该是享受成果的时候。我觉得年轻就是好，死了都不怕。自己把自己弄得伤心没有意义。撞墙算什么，撞完这面，还有其他的墙可以撞。"

艾东_生于1992年2月1日_赤城县_无业　　"我2009年来到北京投奔亲戚，一个月后找到了工作，当饭馆服务员。目前我失业，最想得到一份好工作。我哥哥也在北京，哥哥比我大6岁，我不想去麻烦他，还是想靠自己。在北京生活压力好大，但我喜欢北京的房子，北京的楼真多。我希望能养活自己，现在我觉得自己是大人了，在家时还是小孩，学习不太好，不认真做事，不过那个时候，玩得真开心。今年我回了三次家，父母挺担心我，我也想家。30岁前我打算成家，想找个能帮助我的好姑娘。我现在的女朋友19岁，跟我一样在北京打工。"

王杰（藏）_生于1992年7月24日_香格里拉_咖啡馆服务员 "我们藏族人，16岁就举行成人礼，然后自己选是出来工作还是在家照顾父母。我小时候学民族舞，其实不喜欢，我自己想上高中，考大学，后来选择了大专。我喜欢读成功人士的书，成功不是有钱，而是会做人，有知识。现在我在丽江待了一年了，离开家时我带了一套藏族传统服饰，逢年过节就算不能回家，也要穿在身上。我最佩服的人是建筑设计师邓志超，他小学都没毕业，可是那么有抱负。我现在攒钱，希望将来能多读一点书，去大城市看看。"

李红豪_生于1992年11月7日_信阳_学生_思想者　　"高二时，我写了一篇'歌颂'应试教育的作文，被劝回家反思，从此就没再回学校。我能选择的路很多，可以高考，可以出国，可以不高考也不出国。父母当然还是希望我回学校去把书念完。我希望听听其他人的意见再作决定。我们这一代人很乱，什么都有。我不想做韩寒，我做我自己。再说我跟韩寒不一样，他对女人花心，我比较专一。"

薄厚阳_生于1992年10月13日_内蒙古_学生 "高考之后我的感想是，高考可以把一个人摧毁也可以成就一个人。我们叛逆，但不能过度，我觉得我们90后的优点是勇于接受新事物，我们不拘束，不那么传统。人的一生很短，时间有限，我要做自己想做的事，不能浪费青春。我爸妈都是经济学博士，所以我想学商科或学法律，我要进美国前30的大学。我还想过做歌星，并梦想长到一米九去扣篮。有些东西不实际我知道，我希望能完成能力所及的。"

E/975 VT MPI 3-14 VW#1976
PLANNING THE SCALE OF
DESIGN PROPORTIONS.

肖广昱_生于1992年3月18日_无锡_学生 "我刚刚参加完高考，有出国留学的打算。我觉得成熟的男人应该让自己爱的人幸福，并且有能力为父母做点事。现在我还处在男孩和男人之间，不知道自己到底想做什么，志愿者也想当，也想去学跳舞，或者打工。男女之间最大的差别我觉得是审美。我有女朋友，前几天分手了，最近刚复合。恋爱嘛就是两个人开心，以后还会碰到什么，谁都不清楚。我不太喜欢和家人在一起，更想和朋友一起玩。将来我希望自己早点结婚生子，这样会安定下来，没有后顾之忧，可以全力冲刺事业。我相信世界是越变越好，虽然我觉得现在人心都黑了，而且我看不惯人都为自己考虑，但我还是愿意相信世界越变越好。"

雷宗_生于1992年4月23日_廊坊_学生 "马上要上大学了,这意味着以前不能参加的社会活动可以去参加,挺向往的。我打算去上声乐课,学习吉他和舞蹈。我最喜欢的电影是《这个杀手不太冷》,将来我要做导演,但做导演需要经济基础,所以考了经济系,我对钱的运作也挺感兴趣。我其实想读双学位,毕业后我想出国,去美国,不过现在还没有计划。我当然还不是大人,有了经济基础和一定的人际关系才是大人。我父母离异了,我是双方的长子,应该给弟弟妹妹做好榜样。最开心的时候就是我看到成果,或者忘记现在的时候。我猜,30岁时我应该立业成家了,我没有正式女友,说以后的事也没什么用。我自尊心强,有一些理想,当然也有缺点。现在我还只是个平凡的人。"

武星宇_生于1992年7月20日_张家口_学生　　"我六年级时来到北京。我比较怀念高中时光，我在高中混得挺好，小学时主持晚会，初中积累，到高中就爆发了，学校里觉得我是个领袖人物。我做事情不会拍拍脑袋就做，一定会考虑。十年之后我会用自己打工挣的钱去纽约大学读研究生，毕业回国拍电影，我的终极目标是做比华谊好不知多少倍的电影公司。被禁掉的电影不见得不是好片子，但意识形态肯定有不对的地方。我原来想很早就结婚，生五六七八个孩子，但后来发现这很恐怖。我觉得什么样的眼睛里就有什么样的世界，谋事在人成事在天。"

方绪赫（白族）_生于1992年4月6日_重庆_学生 "我从4岁时起就向往出国留学，从小看《留学生》节目，最大的印象是日本留学生过得很苦。今年8月17日我就飞去美国了。毕业后我早晚要回国发展，因为看好亚太和中国的经济趋势。大致的规划是大学毕业后先留美工作几年，拿绿卡但不换国籍，我不想看着美国国旗唱美国国歌。我打算30岁生孩子，让他在中国受基础教育、学中文，这是原则问题。现在我满了18岁，向父母要钱没有那么心安理得了。我的留学学费是管父母打借条贷款的。人越早独立，犯错误的成本就越小。"

1979_1981

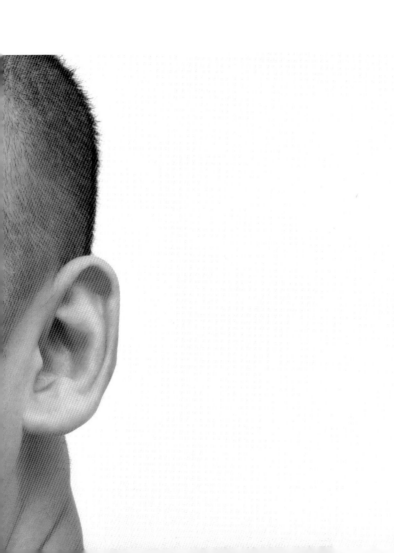

王权_生于1980年6月4日_阳江_室内设计师　　"工作10年，有一定的积累了，我觉得自己生理上成熟但生活方面不算成熟。从小我就喜欢设计，小学二年级开始画画，后来也一直干这个，我在工作中很幸福。我觉得90后的年轻人思维更有活力，我愿意与他们互相学习。我20多岁时很向往投入社会，现在觉得这个社会是残酷的，竞争大，压力大，机会不是等来的，想有更好的发展必须更努力。我很幸运，一直在做自己喜欢的事情。10年后，我应该在自己的领域更辉煌——如果不能，就不要混了。"

王滨_生于1979年10月29日_青岛_家具店经营者　　"概括的东西没多大意义，每个人都太不一样。2007年我来到北京，觉得这地方宜玩不宜居，留下来了之后就喜欢上了。我喜欢北京的话剧、电影和酒吧，在这个意义上北京是个happy hill，但交通、居住和环境太差了。天一黑，北京吃喝玩乐要什么有什么，不过我现在尽量让自己早睡早起，体验规律生活。30岁，我对自己有了比较清醒的认识，没有遗憾。我喜欢自己的生活状态，没有什么乌托邦梦想。我觉得70年代初出生的人占领了很多好机会。不过我一直没把自己当80后，虽然觉得自己跟70年代出生的人有很大差别。世界会变成什么样？目前看不到好。"

亚澄_生于1981年6月4日_定西_化妆师   "2002年我来到北京，穷得睡马路，300块的房租都交不起，租的还是地下室。来时我偷了家里的画，想卖掉，对方只出100块，没卖。我还被人暴打过。以前我想当厨师，像父亲一样考公务员，或者当交警。长大后我离家出走，靠在保险公司打工买车票来的北京。现在我还是有很多想法，但已经不想去实现了。"

周沛佳_生于1980年5月27日_南邮_项目管理　　"等周围朋友都成家了，我就意识到自己已经30岁了。小时候我想做与艺术相关的事情，想生活在海边，比较幸运的是这些都实现了。我和普通人一样希望有个家，现在我飘着，没有根，有时候早上睁开眼要想一下自己是在哪个城市。这与年龄无关，我每天都在想成家生孩子，孩子只要是自己的都会喜欢。我最快乐的时光是创业时，但到了30岁，我不会再去冒险。5年前我创业的时候很辛苦，很累，但没有想过放弃，如果当时我是30岁，肯定坚持不下来。希望我在60岁的时候在海边有个小房子，和家人一起住。"

左森_生于1980年7月15日_韶关_旅游策划人　　"如果没有战争，中国一定会越变越好。我想在泰国买个小别墅，没事过去闲住，这种想法我觉得目前只有中国人才会有，中国人的胆子和财气都越来越大了。"

张靖凌_生于1980年1月22日_连云港_广告人　　"20多岁时我在火车站，当时只买到广州的火车票，我就来了广州。现在觉得广州的环境挺好，很包容，我已经在广州生活9年了。去年父亲去世了，现在母亲和姐姐都还在家乡。到了这个年纪，看着以前的发小都有了孩子，有点急，也不急，因为现在过得很舒服。我觉得成熟就是有责任感，对家人负责。现在我有女朋友但还没想过结婚，不过35岁前一定会完成。10年后，我肯定在抱着孩子吹牛逼，等老婆叫我吃饭。小时候看小人书，想长大之后当大侠，行侠仗义，大口吃肉大碗喝酒。现在30岁了，忽然变得很沉稳，去年还在街头打架，今年，如果见到需要见义勇为的事儿，我会先想一想。"

黄早慧_生于1980年6月9日_雷州_咖啡店老板　　"出来工作4年后，我强烈地认知自己，知道自己能做到哪一步，不过计划不如变化，给自己设定目标不一定切合实际。我没什么30岁的感觉，身边的朋友也有20多岁就结婚生子的，现在年龄界限很模糊。我觉得成熟就是处事大方，考虑全面。10年后，我应该抱着自己的孩子在拍照。"

赵南_生于1980年11月7日_天水_公关总监　　"30岁，事业上似乎已经达到目标，但内心还没有。我总觉得现在做的事情并非归宿，我还是想做艺术创作者。我做过的最浪漫的事就是把自己的散文集送给喜欢的人。不过到了30岁，爱不起来了，内心波澜不兴。爱情往往只是爱上爱情本身，走近了，发现她离理想越来越远，已经没有了纯真。我的幸福时光在20岁前，来到北京后时光似乎停止生长了。现在，一个人的日子挺好，我很会独处，也习惯独处，我知道自己想要的生活，我会掌控它。"

张哲明_生于1980年1月22日_保定_摄影师 "30岁，我觉得人该有自知之明。30岁我变化挺大，已经不是小孩了。25岁时我听人家说到了30岁就知道什么是你的什么不是，那时候我想自己一定要有辆保时捷。现在我知道很多东西自己无法左右，只能尽力。我相信2012，我希望那天我的狗在我身边。明年我打算结婚，坚决丁克，除非变成有钱人。"

姚朔_生于1980年4月4日_平顶山_市场总监 "30岁,我老了。工作时我是办公室里最小的,下班时,80后90后都出来了,觉得自己好老。我20岁时的目标是在30岁时考博士、买房子、学会开车、出国学习一年。现在除了买房子之外其他的都没实现。中国人30岁干的是国外人40岁时干的事儿,而且人家是一步一步来的。我目前承担的责任很大,太忙,没有自己的生活。我的梦想是在35岁时退休,当个大学教师。现在已经有30多岁的朋友劝我注意养生了,我挺想知道自己到40岁时长成什么样子,会不会感觉很迟钝。世界肯定是越变越糟糕,我拒绝看新闻。"

王益智_生于1980年8月26日_宁波_品牌总监　　"30岁对男人意味着以前可以尽情玩，可以不负责任，之后一定要负责任。越靠近30岁父母越会催结婚，朋友们也都成了家。因为专心工作，我还没有女朋友。以后我会以结婚为目的交女朋友，我希望她内心传统，有责任感，对感情慎重，现在想着差不多年龄应该比我小个五六岁。年龄对于女人意义是不一样的，30岁对女人来说意味着新生，做母亲，角色转换。我认为男人最辉煌的10年是30到40岁。5年前我对自己的生活很满意，现在心灵深处觉得不满意，一切都太安适就是问题。今年我下了决心去法国待一个月，一个人去感受它最本质的部分。这算是实现我的一个梦想吧。"

段其帅_生于1980年8月21日_山东_健身教练　　"我以前当兵，学不到什么特长，退伍后学厨师，开过饭店，亏了，老婆的生意也亏了。当兵留下了咽炎和鼻炎，做生意发现我不是做生意的料。20到30岁这10年，觉得自己一事无成。一年不见父母，真觉得自己老了，上海并不适合所有人。我的孩子在家乡跟着父母，我很想他们。我现在做健身教练5年了，客人的子女能受到很好的教育，我却没有能力。我女儿出生那年，外婆在家乡去世，我没能回去见最后一面，想起来就难过，那是2003年的事情，我相信外婆已经去找外公了。我最希望5年后能回家乡和父母孩子在一起，不再漂泊。"

李昕_生于1980年12月31日_黑龙江_自由教师　　"2010年3月份，我辞了工作，做了这张《我想对你说》——农民工的孩子们演唱的民谣专辑。2000年到2004年我在老家教书，从小对北京有向往，有梦想，就来了。北京没有我一个熟人，来了之后我找工作遇到过好多骗子。后来我在郊区，看到一辆校车，我进去一问，他们缺音乐老师，我就带着吉他去了。这是我在北京的第一份工作。我喜欢和孩子们在一起，那时候我和平常的我不太一样，后来我就和这些农民工的孩子们一起录了这张专辑。30岁了我有点危机感，上有老下有小的，负担很重。从家乡走出，我还算是有一点点梦想的人，现在我的收获是少说话，多做事。"

陈熙_生于1980年10月29日_浙江_公交车司机　　"我是顶替父亲名额来的上海。我喜欢上海的小马路，特别是复兴路，很安静，很美丽。第一次到上海，住在爷爷奶奶家里，上海就给我这样的感受。现在我更喜欢北京，因为更有文化和积淀。2008年我第一次想到人生规划。我求学不顺，为了生活干过许多工作，做得很杂。小时候的理想是来上海，现在的理想是离开上海，去二线城市生活，上海节奏太快了。这个理想不知道什么时候能实现。今年我想的是，啊，我30岁了。"

刘同_生于1980年12月28日_湖南_青年作家　　"考大学时，我觉得是个中国人都能读中文，于是就学了中文。当时我18岁，想30岁前有房子，有工作，有车，现在都做到了。而且我在23岁时出了第一本书。我觉得自己运气很好，对生活还算满意。6年前我拉着一个箱子来到北京，现在我的东西真他妈多。我觉得我在同龄人中算明白的，不焦虑，知道自己在做什么。我30岁的收获是做事情不能拖，哪怕做完被车撞死，也不能后悔。2012我不敢确定是不是真的，我会在那天赶回父母身边，如果没事，第二天再回来上班。"

李好_生于1980年10月5日_长沙_电视节目主持人　　"我出来工作十年了，没什么成就感。我觉得30岁还处于男孩和男人之间。从小我就数学不好，表现欲强，好像也只能干这一行。现在我不仅当主持人，也自己做点买卖。我理想的人生状态是有五六个知己，带上心爱的女人，开辆牧马人想去哪儿去哪儿，随处露营。"

杨旭_生于1980年10月11日_北京_画家　　"很讨厌以10年为分割线划分人。活到30岁，我几乎跑遍了全世界，觉得什么都没意思。我认识各种人，哪个领域的人对我都没有吸引力。说到生命，说停就停，活着看别人也没什么意思，不过我还是想长寿。我最大的人生成就是人缘好，最后悔的事是知道时日无多就傻追。30岁我想明白了一件事，不能怕做坏人，不能怕伤害别人。"

卜天_生于1980年8月25日_北京_个体经营者　　"我最希望一年在北京过10个月，另外1个月在欧洲，还有1个月在中国其它地方。我其实从小到大没什么变化，但社会一直在变，要被迫做出改变。我现在从事两个完全不相关的行业，纯属生活需要。其实我对家具感兴趣，也喜欢听音乐，学钢琴。如果我说对生活不满意别人会觉得我不要脸，但我确实没有过自己想过的生活。活到30岁，最大的成就是形成在17岁的价值观没有改变。最大的遗憾是没能进中科院做吴敬琏的学生，变成大异类。我不喜欢北京，但是离不开。"

田春雨_生于1979年3月16日_石家庄_数据分析员　　"我从27岁开始思考人生和生活，同龄人觉得我太严重，因为聊天的时候我不爱谈爱情和房子。我很想出国去看看其他人的生活和思考方式，现在的幸福感不强，因为自己做的事情和想做的不是完全重合。将近30岁我最大的变化是有了一个强大的内心，不会因为外在改变影响平静的心情。小时候我想当火车司机，因为每次回家乡时，最喜欢看火车红色的轮子和神奇的拉杆，能对着它们看上一个小时，蛋糕和香蕉都吸引不了我。当然现在不想了。关于爱情，我觉得它没有正确的定义。爱情是无私的东西，瞬间打动然后不断打动，无私地去保护，没有要求，就是这样吧。"

_1970

谢纪宁_生于1970年4月22日_玉林_摄影棚棚主　　"1997年我冲着艺术来到北京，之前我做老师。到北京后我学了一阵音乐，感觉靠音乐混饭吃不容易，然后做了一阵小生意。2008年我开始做影棚。40岁也算一个坎，以前可以逃避它，现在到了这里，也没觉得自己老了。40岁，我有了消费时间的地方。我们出生的时候正是全世界都比较糊涂的时候。现在自己的状态还不是很到位，我还是想做个艺术家。我希望在未来不远的时候，我能冷不防地制造出达到收藏级别的摄影作品。"

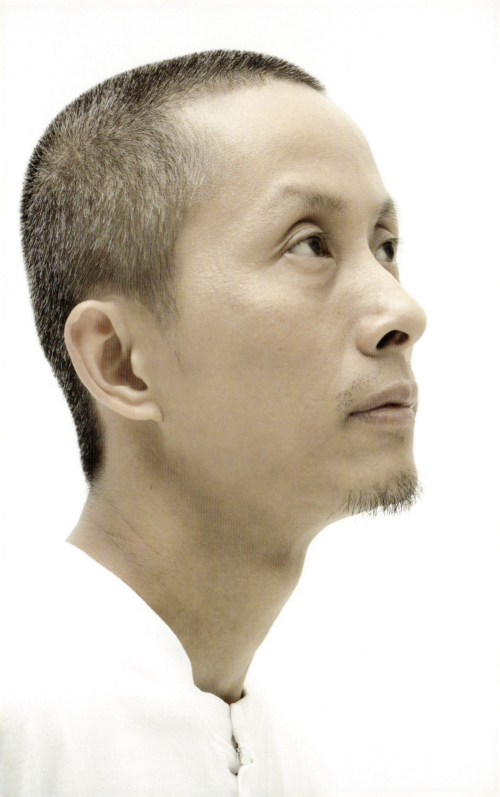

左小祖咒_生于1970年3月4日_海盐_当代艺术家　　"我觉得自己就像一艘船上的舵手。船出了问题马上就要翻了。船上连一点油都没有，我对准油箱撒了一泡尿，船就开动了。最后船摆脱了危险，还捞了许多鱼。"

费强_生于1970年12月4日_宁波_乐评人　　　"我干了一辈子乐评人。大学里我学的是理科,毕业后在电台做音乐编辑,后来开始写评论。我是第一批将欧美音乐介绍到中国的人之一。2002年,我组织了上海原创乐队演出,引起了主流媒体的关注,这是让我特别自豪的一件事。这么多年下来,我的感想是音乐养不活人。中国大众对音乐的接受可能还需要很长的时间,才能达到外国人的水准。以前我年轻,现在我年纪大了,有份体面的工作,音乐只是青春的回忆。我怀念从前,怀念2000年的《地下上海》,怀念10年前的乐队。"

连岳_生于1970年6月1日_三明_自由撰稿人　　"我很善于做决定，也很敢于做决定：换工作、辞职、换个城市生活，只要我想到了就会去做。就算10年前从公职机关辞职这样，对于其他人来说很难的事情，我也做到了。"

林天强_生于1970年4月17日_乐山_文化创意专家 "我是个偶然艺术家。我只会一样事，读书。我读过北大、清华、北电，做过各种不靠谱的事，没有觉得自己已经40岁了。最大的遗憾是自己的电影没有拍成。从小我是个文青，后来被人当成骗子，现在不了，现在别人认为我靠谱，我也就被迫靠谱。这是个神奇的时代，不管喜不喜欢，我们只能长在这个时代，好在我父辈不敢说的话我敢说，比如'我不会'。"

和学伟（纳西族）_生于1970年8月14日_白沙县_司机　　"前两年上山打石头，旁边的森林起火，抓不到人，正好我在附近，就把我给抓了，于是我坐了两年的冤狱。将来有钱有实力的时候我会争取上诉，当然还是要找关系——估计这辈子没有希望啦。去年我去北京参观毛主席纪念堂，看不见毛主席的遗像，他离我们太远了。我买了一束鲜花献给毛主席。我还看到了小学课本里写的北京天安门。北京的烤鸭也很好吃。我还去过上海和杭州，不过最喜欢北京，因为它是我国的首都，当然我也知道，我的案子告到北京是不可能的。"

陈建斌_生于1970年6月27日 乌鲁木齐 演员　　"20岁的时候我充满了征服的欲望，相信人可以改变命运。现在我觉得，奋斗这个充满力量的词其实没有意义，人如蝼蚁，不如说我们在挣扎。我寄希望于下一代，他们没有我们对于物质的向往和纠结，应该更容易接近形而上的殿堂。我相信中国大师级别的艺术家、哲学家、文学家将产生于我儿子他们这一代人中。现在，我老婆形容我的词是'傻不楞登'——我也这么形容她。"

傅小兵_生于1970年5月14日_哈密_律师　　"我认为中国现在最大的问题是利益及权力的分配，强者愈强，弱者愈弱，这样下去的结果是很恐怖的。"

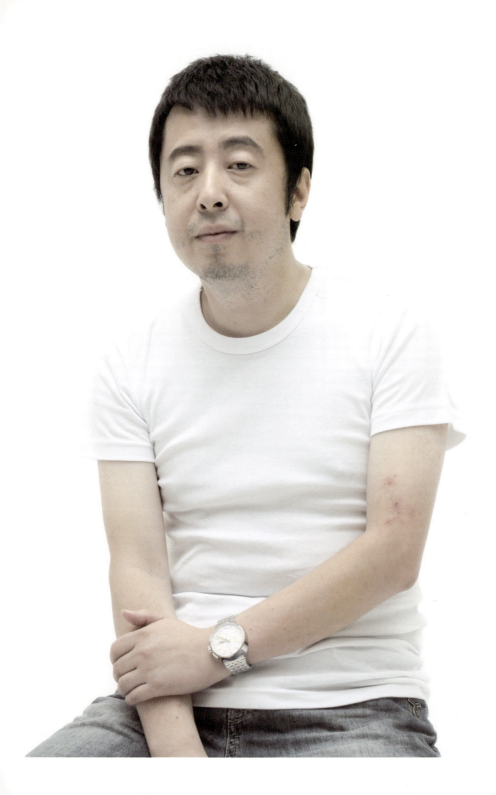

贾樟柯_生于1970年5月29日_山西_导演　　"40岁, 体力明显不如从前了。现在完全不敢熬夜, 每天早上9点要到办公室。我用狗来扭转作息。拍电影, 就像愚公移山, 但不做不行。"

沙哈尔卡特尔（维吾尔族）_生于1970年2月20日_吐鲁番_餐饮业

　　"我喜欢北京的自由，这里不做错事情基本就没有人管。我的孩子也在北京，但我不太希望第二代忘掉母语。8月份我要回家乡去吃葡萄，坐火车回家，以前要72小时，现在只要41小时。我在北京开饭馆，7个兄弟姐妹4个在家乡，3个也在北京。家乡的生活压力大，年轻人很多都出来了。来北京20年了，我觉得北京人不太喜欢外地人。"

王效波_生于1970年12月20日_武汉_客栈老板　　"幸福就是拉肚子的时候冲进厕所发现一个空坑。伤痛就是失去热情。而年龄意味着变化，40岁，意味着刚开始。我最喜欢二十几岁的自己，那时候我有很多热情。现在我认为，真正的自由是不想做什么就不做什么。"

傅广宇_生于1970年1月10日_长沙_广告人　　　"我现在的生活状态很好，家庭事业双丰收，是同龄人羡慕的对象。我觉得40岁，男人的黄金时段刚刚开始，前面为了生存在打拼，现在可以做感兴趣的事情了。2000年我被朋友叫来北京，一待就是10年。我喜欢北京，这里大气，工作自由，生活稳重。18岁时我是茫然的，回头看，虽然有理想但很幼稚。社会在发展，现在的年轻人活得更明白。我的孩子15岁，到了18岁，我相信他的想法会改变很多。我希望自己到了60岁就不需要再做事业了——我可以资助别人做事业。我期望的退休年龄是45到50之间。"

刘杰_生于1970年10月27日_长沙_摄影玩家 "2008年我来到束河古镇，那时候的束河比现在要安静得多，也让人安静。不像北京，让人喧杂。我觉得这里是个能让人中毒的地方，我不是很喜欢，而是很享受现在的状态。人没有目标没有追求就要废掉了。回头看，我觉得许多该做好的事没有做到位，比如1999年本来想结婚，当时在西安，硬件不足，没有结成，结果感情放了一段时间就没有了。将来我想要两个孩子。在中国，独生子女的性格会有问题。我有个哥哥，做小弟的感觉挺好。最近的目标，是单车自驾去新藏走一圈。"

刘向荣_生于1970年11月8日_长沙_广告人 "18岁我从长沙六中毕业，为了来北京，考大学考了4年，当时不知为什么，就是想来北京。最可笑的是作为一名不知道天高地厚的独生子，我前三年都只报一个志愿：清华建筑系。后来我去了北京服装学院学美术，毕业后进了国企，1999年离职开创了自己的广告公司。现在我已经在北京成家立业。我敏感，感情非常细腻，对事业对房子都没有太高的要求，太高的也没必要。现在我跟父母妻子一起生活，学会了对别人好。小时候，我觉得自己能拯救世界，现在觉得随便一件事都能把我打倒。"

郭星_生于1970年8月8日_长沙_经理人　　　"18岁我有一段美好的初恋，在昏天黑地的高考备考中。那个时候应该是谈恋爱的时候，读完大学还没恋爱是很可怜的。30岁之前我不怕，现在是不悔。看过了世间百态，了解内心的东西，算是想明白了，只要内心坚定就不会茫然。我想一个人一辈子只能做好一件事。我9月份开始去清华进修，学习是贯穿一生的，是享受也是收获。以后的目标是为四岁半的孩子攒钱，将来送他出去读书。"

唐曾磊_生于1970年4月4日_淄博_教育业 "年轻的时候我以为能靠努力解决一切问题，现在40岁了，心里不踏实，有些事情很无奈，认识到这个世界，生老病死，无能为力的事情太多，我们能做的是好好过下去。现在的我就是我想成为的人，每天做的事情就是自己喜欢的事——教育影响其他的人，传播知识和智慧。不做这个，人生就没有意义。世界没有好坏之分，人生是把握在自己手中的。10年后我会更开心，平淡，最大的开心就是清静。"

1949_1951

丁重光_生于1949年12月8日_苏州_科技工作者　　"我7岁来到北京，赶上三年自然灾害，吃过杨树叶，也看过大炼钢铁的热闹。初中毕业赶上'文革'，在东北佳木斯农场待了4年，回到北京后，干什么都不再觉得苦或者难。我的孩子80年出生，我觉得他们这代人与我的观念差异很大。我儿子能花3万块钱给自己和他女朋友一人买一块手表。我像他这么大的时候，一个月工资32块钱，全用来吃饭都不够，还想着要吃饱，吃饱了好干活。我想说给30岁的人：一代一代实干，中国才有今天。我们应该懂得珍惜自己的生活和工作。"

江焕贤_生于1949年3月15日_广东_药品检查员　　"我一辈子做药品检查员，没有自己选择的余地。我9岁时全家跟随哥哥支边到新疆，1976年才离开，我是工农兵大学生，在新疆上的大学，毕业后分配到北京。我喜欢回忆过去。'文革'的时候大串联，我从先农坛步行到天安门，接受了毛主席的第8次检阅，那时候的阶级感情很朴素，很热情，毛主席让干什么就干什么，上山下乡，我觉得是得到了锻炼。到现在，我也觉得不能对党有任何怀疑，探索和失误是必然的。现在的教育和体制当然还是有很多问题，这些不在年轻人本身，而在于社会没有给年轻人机会。"

宋永河_生于1949年5月15日_长沙_退休职工　　"说起过去，五味俱全。三年自然灾害和少年时代的快乐，在钓鱼台游泳，中考被录取后父亲带着一家人外迁，独自留在北京读书，1965年进厂当组装工，住集体宿舍一个人生活，16岁时想当兵又想当工程师，理想从来没跟现实接轨过，一片空白，孤独　　我性格一直很内向，1995年到家后才改变了一些。这辈子我对任何东西都看得挺淡，一直是领导让我干什么我就干什么。最快乐的时光是初中3年，那时候无忧无虑。现在，社会在变，生活在变好，但人与人之间的亲情越来越淡，金钱的诱惑越来越大。我想对18岁的孩子们说：要正确认识自己，正确地认识现实，理想和现实有差距。"

王玲（纳西族）_生于1949年5月28日_仁里村_农民   "我家四口人，我有一儿一女，还有个外孙女。我儿子考上公务员了，现在在乡政府工作。我们这里大学毕业的青年都会出去。以前文革串联的时候我去过广州、柳州和昆明，以前我还会打篮球和乒乓球，现在打打麻将，偶尔玩老鹰捉小鸡。以前我们这里一家几个孩子要抽出一个去当兵，所以我家三兄弟就剩了俩。我现在身体还挺好，自己做饭，喂猪喂鸡，晚上看电视。我喜欢体育节目，世界杯决赛就不看了，第二天还要早起下地干活。"

熊和生_生于1949年3月6日_云阳_中学英语教师 "'文革'时我积极参与了，但没打过人，没干过坏事。我从八十中学毕业，又回去教书，因为不愿意欺软怕硬，还要求公开领导层的腐败，所以一直当不了官，我也一直不后悔。我现在还在教书，教12到15岁的孩子，他们喜欢我这个老头。我把语法什么的编了很多顺口溜，上课时跟他们开玩笑，学生一听就喜欢。讲课是一门语言艺术，跟小品相声一样。如果有下辈子我还会选择当老师。不过我觉得孩子们不幸福，他们每天都在学习。我这么大的时候天天抓蝈蝈，学习各种乐器，现在的孩子们都不会这些。"

张锁安_生于1949年9月25日_铁岭_退休职员 "我经历过朝鲜战争。那时候我三岁多，到丹东，火车站拉空袭警报，人们都惊恐万分。后来到了舅舅家，我跟表哥出去玩，爬上了屋顶，看到鸭绿江对面的火光。1959年东北开始困难，人人吃粗粮，我父亲是高工，算高收入，我家还要吃高粱米。后来到北京，刚下火车吃招待餐，大虾，肉，吃得吐了，不习惯。经过了这些事，我跟同龄人比，思想还是开放得多，改革后我对历史有了新的认识，许多事对我冲击很大，我跟老婆的思想就是对立的，经常争论……现在我们一起给儿子看小孙女，都累瘦了。"

仲维成_生于1949年4月10日_睢宁_退休干部　　"我们这代人，曲曲折折一辈子，什么都赶上了：国家困难时我吃过树叶，也见过改革开放翻天覆地的变化。改革开放确实好。我是老三届，'文革'就不谈了'文革'那年我初三，赶上了也没办法。1966年我在农村，想考出去，没办法。我一直对文学也是比较爱好，还是没办法。我一辈子跑过好多地方，老了回家乡，老婆又死得早。后来儿媳妇又给我撮合了一个，现在我很幸福。我到丽江两年了，这里山好水好，心情也就好。"

黄铜山_生于1949年5月20日_铜山_企业职工　　"我想帮父亲写回忆录。他们那一代人是完全奉献，我们算是在红旗下享福，'甲子情缘'，有理想有抱负。社会在发展，年轻人能看到我们想象不到的东西。但在我眼里，80后，比如我儿子，他们还是孩子，他们追求的是个人价值的实现。但在汶川地震中，我看出他们这代人还是有社会责任感，有希望的。我跟我儿子不存在严重代沟，他是个电脑迷，嘿。一开始我看不惯，现在我都习惯啦。"

许万胜_生于1949年6月17日_建湖_出租车司机　　"我以前在上海新中华刀剪厂做理发推子，50岁那年厂子倒闭了，我就去开出租。我喜欢开出租，接触面广。人在厂里就是机器，单调枯燥，富士康员工自杀我能理解，我们年轻时就是那样，我们一辈子都是那样。我觉得个人经历和国家是一致的，国家穷我们也穷。工作后我领了第一个月的工资，去买了一件驼毛棉袄，花了50多块，一直穿到现在，这是青春的见证。活到现在我觉得自己简单、幼稚，这是大环境和自我本身造成的。不过，以前我在厂里挣1000多，开出租车能挣6000，没有改革开放我的厂子就不会倒闭，我也就不会去开出租，所以我想跟年轻人说的话是：学会宽恕。"

于大水_生于1949年12月1日_北京_自由摄影师　　"'文革'十年，对我们这代人的伤害比战争更大。我是66届被取消高考的那批，学业、前途，什么都耽误了。我把摄影当做情感抒发的途径。不过我跟新一代的摄影师没法比，他们没有那些摆脱不了的束缚。现在我的性格还是改不过来，能安居乐业就满足，能负起责任就高兴。"

张健_生于1949年11月14日_天津_退休教授　　"小时候我的梦想是当画家。我在北京度过童年，印象最深的是小学时参加国庆游行，我属于和平鸽大队，当时激动极了。那时国家重视儿童，我们是祖国的花朵，业余生活也很丰富，和解放军联欢啊，去工厂、部队和农场参观啊

我觉得现在的教育体制有问题。20年前的学生感兴趣的东西多，现在的学生浮躁，不能很专心地学习。他们的共性是不太成熟，自理能力不强。我自己的儿子25岁，跟我太熟了，我教育学生，他们还会听，说我自己的儿子他可不听。我最喜欢看到学生的成熟——成熟就是有理想有追求。我对20年前的学生印象更深。"

朱新生_生于1949年9月9日_连云港_退休公务员 "退休太幸福了，我一退休，觉得自己浪费了好多年。人应该按照自己的意愿过几年。人还应该有各种爱好：摄影、桥牌、各种比赛，我退休后才发现，原来还有这么一片天地。我出生时父亲就是少将，不过我可不是纨绔子弟，我19岁就开始当兵，军旗下生，红旗下长，看到不良的东西特别反感，在我身上还能看到延安精神的延伸。我们这一代人受传统教育，一心报答祖国，在'文革'中很坚定，改革开放后也能跟上国家的步伐，思想跟上世界发展。我觉得现在的年轻人应该更扎实一点，建议他们读一读《毛主席语录》。"

梁少强_生于1951年9月26日_四会_电工　"17岁那年我和同学一起串联到井冈山，赶上大雪封山出不来，直升飞机给我们空投食品。后来飞机降落的时候人都拥过去看，被尾翼打死了好几个，还有很多人掉到粪坑里冻死了　我觉得八十年代时最好，那时候人对物质的追求没这么厉害，现在的人为了钱什么都肯干。我儿子在澳大利亚读书，我退休后打算去儿子那儿住一段，有点担心不会说英语。儿子还不结婚我很着急，不过着急也没用，他有他的世界，我们管不了。"

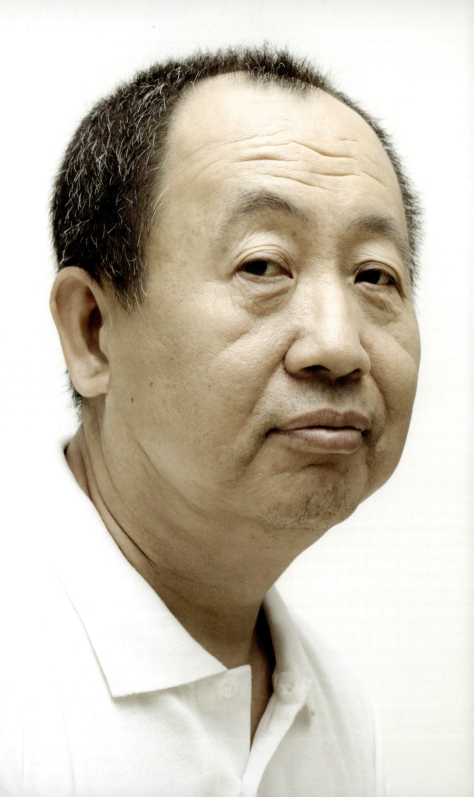

王斌_生于1949年6月6日_河南_中央党校职员　"我喜欢登山和乒乓球，算体育健将。我看着不像60岁，我也老蒙别人。2008年我买了个三星冰箱，参加它们的活动，注册奥运平民火炬手海选，结果就选上了，简直是一个馅饼砸在脑袋上，鬼使神差的。举着火炬去跑步，沿途的观众都欢呼，真像做梦啊。"

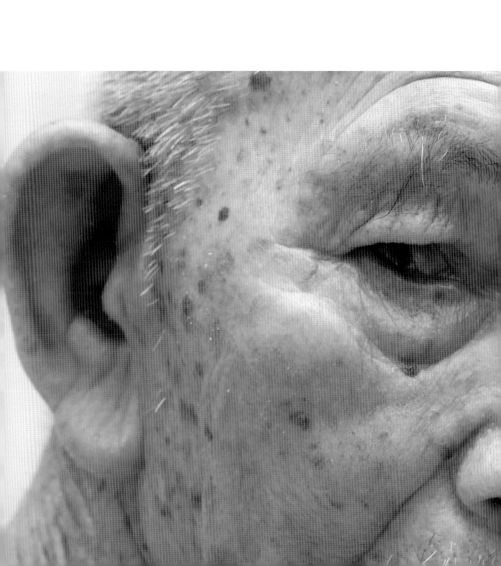

1905_1927

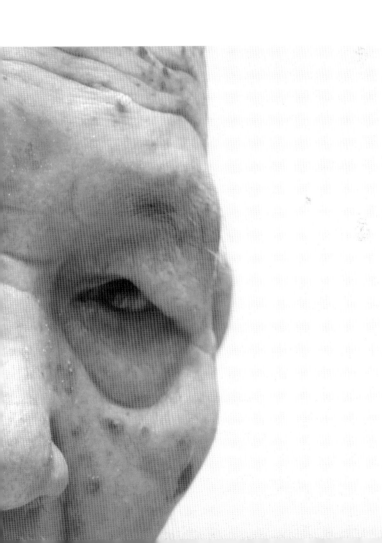

涂学琳_生于1922年4月24日_台湾花莲_工程师   "我1942年来到广东，那时候正在打世界大战呀。2009年我回去台湾，两个妹妹都老了。现在我有5个孩子，1个女孩，4个男孩，其中一个是党员。"

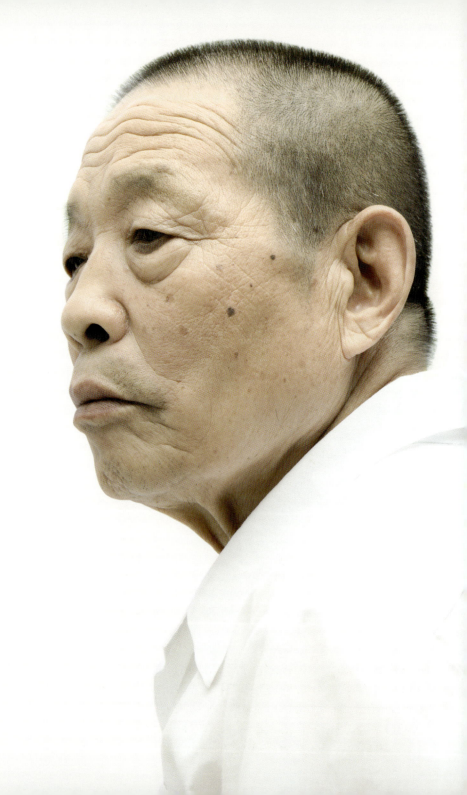

高秉钧_生于1927年11月29日_深县_保卫员　　"小时候老家发大水，人都快饿死了，我被老乡带到北京学做寿衣。1956年公私合营，棺材铺和寿衣店在'文革'中被砸掉了，我就转到民政局信托公司一直干到退休。我记得小日本来的时候，在我家乡扫荡，我每天晚上到地里去睡觉，早上一看有人出来，才回家，没人就不能回家。"

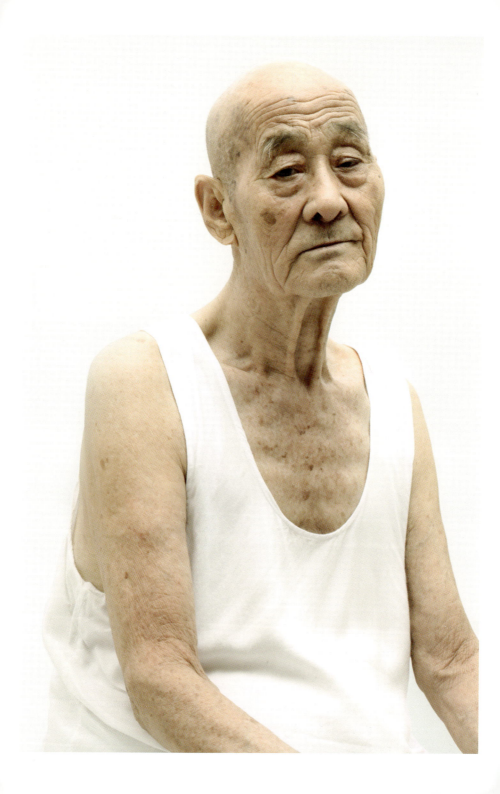

李文会_生于1927年5月1日_雄县_老革命家　　　"我原来属于新四军第一师。1945年我们在山东转了好几个圈，年底到江苏高邮，打日本鬼子。有一夜下小雨，我们强渡护城河，然后爬城墙，班长在后面，我在前面，班长从城墙上摔了下去，摔断了腿，棉裤都破了，没到保定就死了。我用手榴弹把鬼子炸跑了。新四军皖南事变时的卫生员后来就是我们的团长，我还记得他叫姚健。"

王宗振_生于1917年8月8日_昌平_司机　　"我开车的时候还没车呢。我喜欢开车，待遇高，不受拘束。现在最喜欢的是中医，针灸，身体健康全靠中医。"

叶耀宗_生于1923年11月23日_北京　　"我有7个女儿，30多岁时我老婆没了，女儿跪着求我别找后妈，我就没找，一直到现在。"

和春生（纳西族）_生于1919年9月2日_玉龙_纳西古乐演奏家 "我家里有五代人，数都数不清。我会唱歌，去过日本和韩国，没去过北京，很想去北京。你们给我拍照啊？外国人都拍过我。"

李顾三_生于1916年3月16日_湖南_退休体育教师　　"我'八一三'事变那年到的重庆大学，半个世纪前来的广州。我喜欢广州，不想回家乡。家乡还有个侄子，每年到广州来看我。我侄子今年60岁。"

关奎崇_生于1912年9月10日_新会_退休工人　　"16岁我就没书读了。1945年去香港，找不到工作，结了个婚回广州，后来在橡胶六厂做工，退休后又在珠江大桥给人看仓库，做了12年，好辛苦。我觉得看报纸聊天最开心。"

钟石宝_生于1919年9月4日_罗冈_农民　　"十几二十年前，我们的地被政府收去盖房子，我没地种好多年了。我的儿女都做小生意，我有3个孙子，好多个孙女。"

张德海_生于1919年11月13日_北京_铁路工人　　"小时候的事我已经没法想象了。我记得去过俄罗斯、满洲里，13岁时做小买卖，记得日本人卖骗人的大力丸。还记得1949年部队进城，东三牌楼的大操场就是傅作义他们的退路。"

杜昌荣_生于1918年12月16日_烟台_汽车队长　　"我21岁就当司机，在大学里带车队，当队长当了三十多年，对人诚心，把心拿出来交待，带的队大小事都没有。退休时最高兴，因为得到了教育局的大奖。我打太极打了40多年，过去吸烟很厉害，戒烟后一支没抽过。我兴趣广泛，想得开，五十多岁死了老伴，独身到现在40多年了。前几天打太极滑倒，就是这支胳膊救了我，撑了一下，腰腿都没事。"

邓广壮_生于1919年12月15日_中山_陶瓷工人　　"我去过好几次北京，不过都是出差。2003年全国总工会和省政府批准我是劳动模范，我很自豪！"

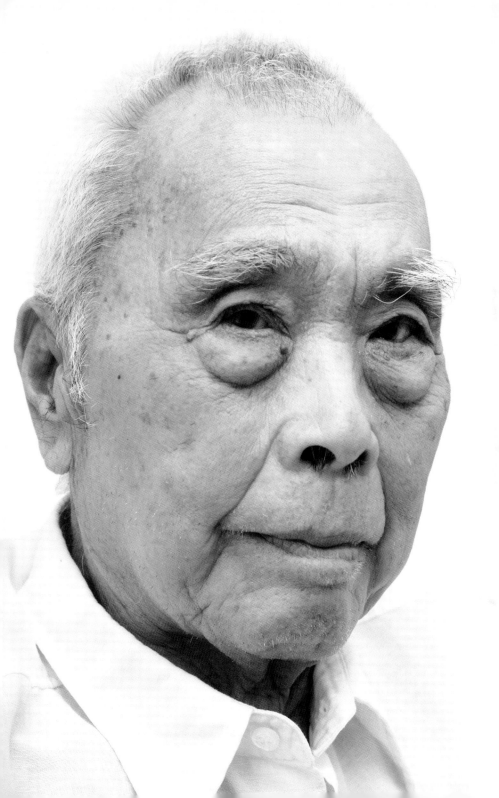

黄克_生于1919年11月7日_香港_军人   "我出生40天被卖到东莞，父母是穷人，孩子多，没办法，养父母结婚后没有孩子，后来我是姑姑带大的，她告诉我的这些。我15岁当兵，17岁入党，19岁开始在广东打日本人，后来在山东打国民党，又在东北抗美援朝。1944年7月22日的战役我现在都记得，在芜湖，日本鬼子驻了一个大队。那夜特别闷热，还下雨，有台风，我们冒雨走了三里地小路把鬼子包围了，用机枪扫射，敌人也还击，副班长牺牲了。那天20岁以下的小鬼班立了大功，亲手抓住了鬼子的队长。那场战役一共用了20分钟，缴获了五六十支枪。"

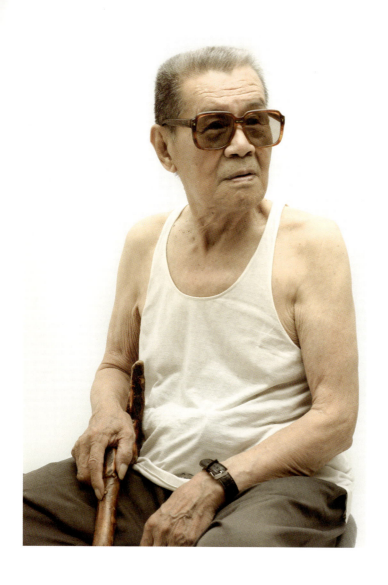

吴凤智_生于1919年5月8日_德州_手艺人　　"我16岁来北京，看见日本人骑着大洋马进的朝阳门，张自忠路那里有他们一个司令部，医院在六条，我那时住在东四牌楼。我不害怕，我们又不打人。日本人干坏事都是在外地，在北京他们很老实，什么也不敢干。我这件衬衫穿了50年了，透气，10块钱买的。"

韩新_生于1922年3月13日_河北_干部　　"我要跟年轻人说，世界是你们的，未来寄托在你们的身上，希望你们有个正确的人生观，为人类做出自己应有的贡献。"

刘应麟_生于1921年5月5日_罗冈_农民   "我11岁开始做工，我什么
都做过。以前我种地，最喜欢吃豆子。"

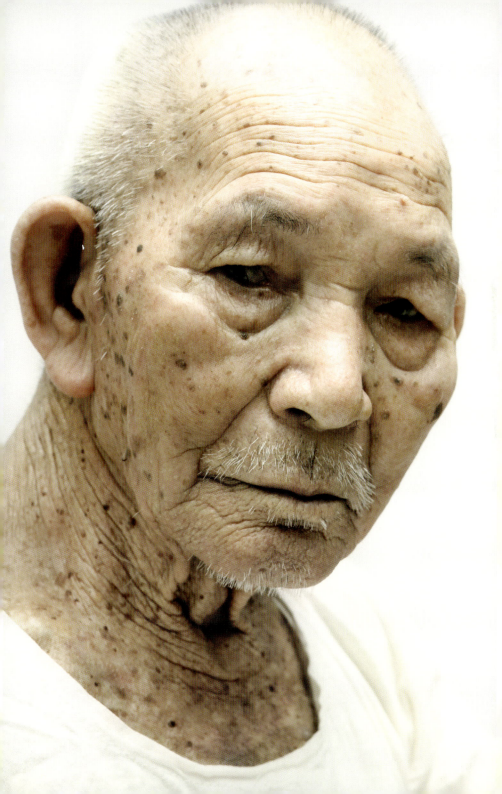

李焕_生于1919年10月11日_清远_农民　　"解放前我打游击，后来当逃兵，跑到清远做厨房。1946年我在广州看见日本人投降的。我弟弟原来是地下党，后来跑到林彪部队去，解放后他在广州卖猪肉。我给人做工，老板是个恶霸，1951年被枪毙了。"

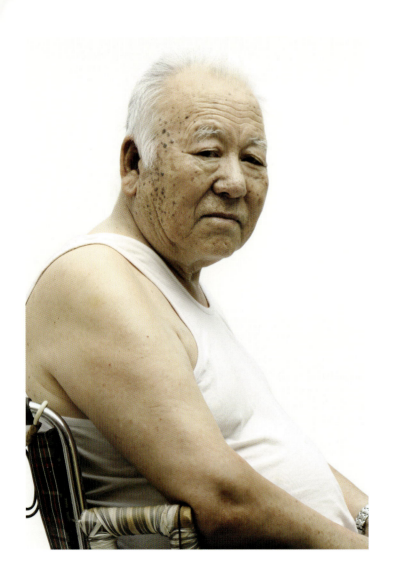

朱镇_生于1922年11月21日_涿县_工人　　"我出生的地方现在成影视城了。我1952年到的北京，后来被人介绍到铁路，做过调度，开过起重机和吊车，六几年去贵州那边带徒弟，教好了再回来。八几年我提前退休，在家里呆着，老伴走了，我自己蹬三轮车四处转，摔了，半身不遂。人老了就得往开了想，家务事什么都不管。社会主义不错，有吃有喝，心宽比什么都强。我打麻将经常赢，上个月一共赢了二十多快三十呢。"

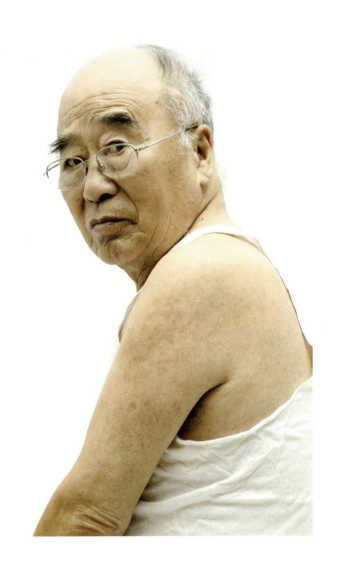

胡新华_生于1925年12月_石家庄_党委书记　　"我1954年来到北京，刚来不习惯，成了家就习惯了。建国时我从解放区去的石家庄，那时候石家庄很落后，被国民党轰炸过，到处都是土坯房。解放后盖了楼房，去年我回去看，楼房也都拆了，现在是集体宿舍。'文革'里我被整，陪斗，江青被抓之后平反的。关于这段历史，'老人家糊涂了'，我现在还没完全糊涂。"

吕坪_生于1923年3月9日_香港_地下工作者　　"年轻的时候，我在香港干地下党，香港沦陷后我去了桂林，参加文化工作，又到重庆做工人运动，被特务发现后转移到北平。现在我老了，只喜欢文化艺术。"

陈启明_生于1914年8月15日_中山_退休工程师　　"我在美国拿到的学位，想想是回国还是留在美国？还是回来吧。我在北京住过1年，我还建过3间氮肥厂。现在我就养老了。我的故事太多啦，真正讲完要4个小时吧。"

张进贤_生于1905年12月7日_安徽_退休小学教师　　"我喜欢孩子所以做老师。我喜欢在纸上抄东西，因为怕忘掉了。我最小的儿子40岁，最大的孙子比儿子还大几个月，好几个孩子都死了。以前的事儿糊里糊涂地不太记得了。不过我还记得家乡的草房，不知道它倒了没有。我想家，想回家。"

王隧光_生于1921年10月25日_东莞_退休职员　　"我是抗战胜利后念的大学，毕业后在广东省外贸系统工作，工作时出差，去过好几次北京，不过没有好好旅游过。我还记得我是1980年入的党，1987年退休，2003年被评上劳动模范。现在我喜欢写养生文章。"

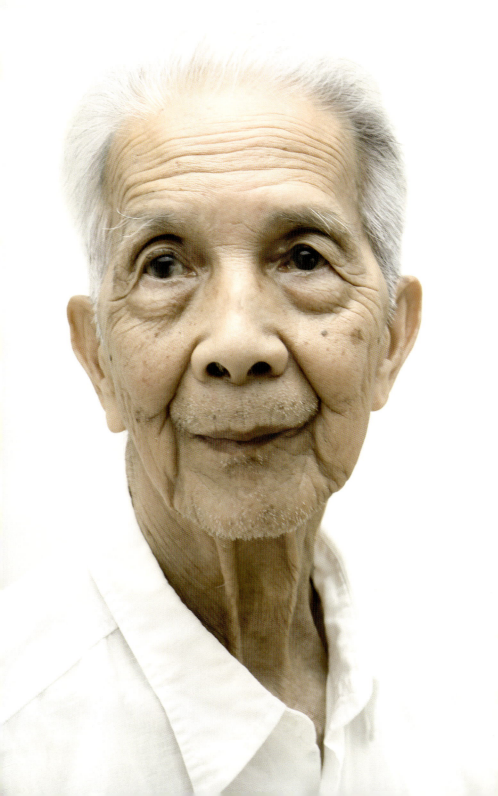

张永光_生于1908年_福建_教师　　"我喜欢吃牛奶、鸡蛋和包子，包子一定要有肉，我不吃羊肉。"

姚振强_生于1920年5月21日_广州_体育教师 "我年轻时喜欢游泳、篮球、田径，从小就喜欢，当过运动员，后来在现在的第十三中学当老师，还带过广州大学的球队、洪门篮球队和大华球队 很多很多球队啦。现在我就看看报纸，看看电视。"

句文辉_生于1926年9月10日_北京_退休干部　　"1949年我参加建国游行，等着被检阅，列队经过宣武门等了两个小时，后来走过检阅台前的华表。建国后我在北京粮食局工作，记得那时候打'粮老虎'，朝阳门、西直门、东直门都驻守着我们的人，捉囤积粮食的粮商。现在的北京我全不认识了。"

姚韶武_生于1917年1月5日_浙江_财务工作者   "1955年我来到广东工作，现在不想回去了，我口音都是江浙的。我最喜欢看文艺节目。最喜欢广州天气好，冬天也不冷，再也不想搬家啦。"

刘梦梅_生于1921年10月6日_天津_退休编辑　　"我爱好长跑和举重，我还有武术老师，在天津很有名。我最近研究人类营养学。我还有个特点，每顿饭都离不开大蒜。"

图书在版编目 (CIP) 数据

肖像/ 吕海强摄影; 叶三撰文. --上海: 上海三联书店, 2011.2

ISBN 978-7-5426-3422-1

I.①肖… II.①叶… ②吕… III.①男性-人像摄影-摄影集-中国-现代 IV.① J423

中国版本图书馆CIP数据核字 (2010) 第251285号

肖 像

撰　　文/叶　三
摄　　影/吕海强

责任编辑/彭毅文
装帧设计/陈燕飞
监　　制/任中伟
责任校对/张大伟

出版发行/ 上海三联书店
　　　　　(200031) 中国上海市乌鲁木齐南路396弄10号
　　　　　http://www.sanlianc.com
　　　　　E-mail:shsanlian@yahoo.com.cn
印　　刷/上海 丽佳制版印刷有限公司

版　　次/2011年1月第1版
印　　次/2011年2月第1次印刷
开　　本/880X1230　1/32
字　　数/100
印　　张/5.625
书　　号/ISBN 978-7-5426-3422-1/G·1066
定　　价/35.00元